AF295003

Martina Herbig

Demut heilt und befreit

Bibliografische Information der Deutschen Nationalbibliothek:
Die Deutsche Nationalbibliothek verzeichnet diese Publikation in der Deutschen Nationalbibliografie; detaillierte bibliografische Daten sind im Internet über http://dnb.dnb.de abrufbar.

Illustration: Paul Herbig

Verlag: BoD · Books on Demand GmbH,
In de Tarpen 42, 22848 Norderstedt
Druck: Libri Plureos GmbH, Friedensallee 273,
22763 Hamburg
ISBN: 978-3-7693-1036-8

Einleitung

Viele Menschen in unserer Gesellschaft meinen, alles, was gut ist, ist selbstverständlich. Sie meinen, alles im Griff zu haben und beeinflussen zu können. Das will uns unser Ego einreden. Unser Ego redet uns ein, dass wir die „Größten" sind. Es stellt uns als Menschen an höchste Stelle, setzt uns auf den höchsten Thron, macht uns hochmütig.

Das wir nicht alles im Griff haben, wie es uns das Ego einredet, wird bewusst, wenn das Leben nicht mehr funktioniert. Wenn man plötzlich, wie ich, nach einem schweren Schlaganfall, halbseitig gelähmt, im Rollstuhl sitzt. Da ist nichts mehr selbstverständlich. Da hat man nicht mehr „alles im Griff", da ist man selbst beim täglichen Toilettengang auf Hilfe angewiesen.

Dann kann uns das Ego nicht mehr einreden, dass wir alles im Griff haben. Dann blicken wir nicht mehr hochmütig ins Leben, weil wir meinen, die Größten zu sein. Dann dürfen wir demütig werden, weil wir erkennen, das Leben ist ein Geschenk.

Lebensenergie

Was ist Leben? Reicht es, einfach da zu sein, als Körper anwesend, oder ist Leben mehr?

Da gibt es eine Energie, die den Körper durchströmt und aus einem einfachen leblosen Körper etwas Lebendiges macht.

Im Osten nennt man diese Lebensenergie Prana. Im Osten erklärt man Energiezentren, die Chakren, oder Meridiane (Akupunkturbahnen). In unserem westlichen, christlichen Glauben ist die Lebensenergie der Odem Gottes, der Atem Gottes, der durch uns fließt und uns lebendig macht.

Als ich nach meinem Schlaganfall aus dem Koma erwachte und das erste mal im Rollstuhl saß, wurde mir bewusst, was mit mir geschehen ist. Mein Leben wird nun ein anderes werden, nicht unbedingt leichter, einfacher, besser. Gleichzeitig wurde mir bewusst, Gott hat mir seinen Odem wieder eingehaucht. Er hatte mir mein Leben ein zweites Mal geschenkt.

Die Ärzte haben mich nach meiner Hirnblutung operiert und meinem Mann gesagt, dass sie abwarten müssen, ob ich überlebe. Später mussten sie abwarten, welche „Schäden" zurückbleiben.

Gott wartete nicht ab, er gab mir weitere Lebensenergie.

Meine Lebensretter sind nicht die Ärzte, wie es vielleicht manche Egos behaupten.

Mein Lebensretter ist Gott. Demütig sitze ich im Rollstuhl vor Gott. Nichts haben wir Menschen im Griff!

Da gibt es eine höhere Kraft! Gott!

Gedicht: Da gibt es eine höhere Kraft

Da gibt es eine höhere Kraft,
die Leben erschafft.
Was im Ego zerbricht,
erschafft sie neu
in Liebe und Licht.
Lasst uns demütig beugen, hernieder,
immer wieder.
Was sind wir schon
als kleiner Mensch
mit großem Ego,
voller Hohn?
Lasst uns verbeugen.
Die Engel sind Zeugen!
Lasst uns verbeugen
vor Gottes Thron!

Was sind wir schon?

Wir Menschen haben einen Körper, doch wir sind nicht der Körper. Jeder von uns ist ein Ich. Ein Ich wird gebildet aus dem niederen und höheren Selbst. Das niedere Selbst ist das Ego mit seinen Wünschen, Trieben und Willen. Das Ego ist sehr darum bemüht, die absolute Herrschaft über das Ich zu gewinnen und hat Angst vor seinem eigenen Untergang. Ein vom Ego geführtes Ich hat Angst vor dem Tod und wünscht sich Unsterblichkeit. Und es hat ebenso Angst vor dem Leben.

Neben dem niederen Selbst, dem Ego, gibt es in uns noch ein höheres Selbst. Unser Spirit, unser Geist. Über den Heiligen Geist ist dieses höhere Selbst mit Gott verbunden.

Ein Ich, das vom Heiligen Geist, vom höheren Selbst geführt ist, denkt und fühlt in Liebe.

Jeder Mensch entscheidet mit seinem Ich, wessen „Geistes Kind" er ist.

Lasse ich mich führen von Angst des Egos oder von der Liebe des Heiligen Geistes? Lasse ich mich führen von Dunkelheiten, Bösem und Zorn? Oder lasse ich mich führen von der Liebe?

Lasse ich mich führen vom Ego und schaue hochmütig auf Andere? So wie die Faschisten auf Geflüchtete sehen?

Lasse ich mich führen von Liebe und erkenne, dass jeder ein Recht auf ein würdevolles Leben hat?

Will ich immer Recht haben und gewinnen, so wie Herr Höcke von der AfD?

Oder bin ich mir bewusst, dass auch andere gewinnen können, und dass über uns allen eine höhere Kraft ist, die Liebe heißt.

Ich bin überzeugt, dass der vom Ego geführte, machtbesessene Björn Höcke Liebe längst nicht mehr kennt.

Und alle, die diesem Mann folgen und mit ihm sympatisieren sollten sich auch auf ihre eigene Liebesfähigkeit überprüfen. Hier muss ich nicht mehr fragen, welches Ich in diesem Menschen die Führung hat. Hier ist es zu erkennen, dass das Ich vom niederen Selbst und seinem Ego geführt ist.

Was sind wir schon, wenn das Ego alleinige Macht in uns hat? Wir sind in Dunkelheit, Angst und Leid.

Was sind wir schon, wenn das höhere Selbst, der Heilige Geist die alleinige Macht in unserem Ich hat? Wir sind demütig vor dem Leben, vor dem, das mit uns lebt. Wir sind demütig vor Gott, vor dem, der uns das Leben schenkt. Wir sind demütig vor allen, die Gutes erschaffen. Wir sind in Liebe.

Auch in schwierigen Zeiten nehmen wir das Unsere in Liebe und Dankbarkeit an. Das erlaube ich mir einfach, zu behaupten, dass dies so sein kann. Denn ich sitze seit sieben Jahren halbseitig gelähmt im Rollstuhl und nehme jeden Augenblick meines Lebens in Liebe und Dankbarkeit an.

Viele meinen, sie hätten immer das Recht, alles zu bekommen und es stünde ihnen selbstverständlich alle im Leben zu.

Der Arzt müsse jede Krankheit heilen. Die Krankenversicherung müsse alles zahlen.

Und die Politiker sollen gefälligst dafür sorgen, dass das deutsche Volk rein bleibt und schutzsuchende Menschen aus Kriegsgebieten sind abzuweisen. Hatten wir nicht so etwas schon einmal? Und wohin hat es uns gebracht? Wollen das wirklich einige Menschen wiederholen, wie sie es durch die letzte Wahl in Sachsen und Thüringen gezeigt haben?

Was sind wir schon, wenn wir hochmütig auf andere sehen, die in Not sind?

Was sind wir schon, wenn wir rein bleiben wollen
und Faschisten wählen?
Sind wir dann nicht jämmerliche Egogestalten, die
einem „Reinheitsversprechen" hinterher rennen, das
schmutzig ist und faulig stinkt?
Was sind wir schon, wenn wir Faschisten wählen?
Was sind wir schon, wenn wir armseeligen Opfer auf
unser „Recht pochen", dieses Land gehöre uns?
Die Erde gehört dem Leben.
Und das gilt für jedes Leben.
Was sind wir schon, wenn wir als Behinderte uns als
Opfer fühlen und mit dem Leben, dem Schicksal, mit
Gott hadern?
Dann sind wir jämmerliche Egogestalten, die meinen,
sie hätten ein Recht auf ein leichtes Leben, ohne
Herausforderungen.

Wir wollen unser Land für uns allein, weil wir meinen,
es gehöre uns.
Wir wollen ein Leben in vollkommener Gesundheit
und Unversehrtheit.
Und das alles ist selbstverständlich.
Wer sind wir schon, in diesem hochmütigen
Egowahn?

Wir haben die Wahl

Wir sind das, wofür wir uns öffnen. Wir sind das,
wofür wir uns entscheiden.

Wir haben die Wahl:

Wir können mit unserem Egoselbst unser Recht einfordern. Wir können mit unserem Egoselbst auch das Opfer sein, wenn uns Unrecht oder schlimmes Schicksal widerfährt. Wir können mit unserem Egoselbst hochmütig sein und meinen, wir seien etwas Besseres. Hochmut ist das Gegenteil von Demut.

Eine Ärztin, die immer glaubte, etwas Besonderes zu sein, bekommt im Alter eine schwere Krankheit und wird körperbehindert. Sie geht nicht zum Fest in ihrer Straße, weil sie meint, ihre Behinderung nicht vorführen zu wollen. Ihr Mann, der ebenfalls als Arzt etwas Besonderes sein will, unterstützt seine behinderte Frau. „ Nein, wir zeigen nicht, dass bei uns nicht alles perfekt ist. Wir sind doch etwas Besonderes. Wir zeigen uns nicht schwach." Das ist hochmütig.

Es ist hochmütig, zu zeigen, dass man sich selbst über andere stellt. „Uns passiert doch so etwas nicht. Ich gehe doch nicht am Roulador. Schließlich bin ich doch Frau Doktor."

Ein Mensch ist verletzbar

Als Mensch zu zeigen, man sei unverletzbar, ist hochmütig. Als Mensch seine Schwäche nicht einzugestehen ist hochmütig.

Sich von anderen „abzuheben" und als etwas Besonderes zu zeigen ist hochmütig. Denn das ist nicht wahr.

Als Menschen sind wir verletzbar. Wir haben nicht alles unter Kontrolle. Wir haben alle unsere Schwächen.

Ich sitze im Rollstuhl und kann nicht gehen, nicht mal zur Toilette, selbst dafür brauche ich Hilfe. Ich schäme mich nicht für meine Schwäche. Ich gebe offen zu, dass ich hilfsbedürftigt bin. Ich zeige meine Behinderung. Ich stelle mich nicht hochmütig über meine Behinderung und verstecke sie. Denn wenn ich sie verstecke, verstecke ich mich.

Ich bin verletzbar. Ich habe nicht alles unter Kontrolle, nicht alles im Griff.

Ich zeige mich menschlich. Und zu mir als Mensch gehört meine Behinderung.

Ich nehme sie an. Ich nehme mein Leben voller Demut an, so wie es ist. Ich bin nicht besser als andere.

Manchmal sehen mich Menschen mitleidig an. Dann möchte ich schreien: „Spar dir dein Mitleid. Ich leide ja nicht, also musst du auch nicht mitleiden."

Ich bin einfach nur Mensch mit einer Körperbehinderung. Und ich leide nicht. Ich lebe, vielleicht sogar intensiver als mancher Mensch, der gehen kann.

Denn für meine Behinderung gibt es Hilfsmittel, einen Rollstuhl. Doch für Mangel an Lebensfreude oder für Mangel an Liebe gibt es keinerlei Hilfsmittel. Und ohne Freude oder ohne Liebe zu leben, ist vielleicht sogar schlimme als im Rollstuhl zu sitzen. Denn ich fühle im Rollstuhl sitzend ganz viel Liebe und Lebensfreude.

Zu behaupten, dass Menschen mit Körperbehinderung leiden oder dass ihr Leben nicht lebenswert sei, ist nicht richtig. Und diese Behauptung ist hochmütig.

Jedes Urteil, dass ein Mensch über andere fällt, der glaubt, es besser zu wissen, ist hochmütig.

Hochmut wächst auf der Basis, etwas Besonderes und besser als andere sein zu wollen.

Hochmut macht krank

Hochmut ist eine Geisel, die uns Energie kostet. Hochmut ist anstrengend. Der hochmütige, behinderte Mensch muss sich ständig anstrengen, seine Behinderung zu verbergen, dass keiner etwas sieht. Sich ständig zu verstecken ist anstrengend.

Der Hochmütige versteckt seine Schwäche und ist ständig damit beschäftigt, sich selbst zu kontrollieren und den anderen scheinbare Perfektion vorzuspielen. Das ist anstrengend. Auf Dauer führt diese Anstrengung zu Verspannungen und organischen Störungen. Letztendlich macht diese Anstrengung krank. Da die Ursache für diese Anstrengung Hochmut ist, macht Hochmut krank.

Hochmut macht zum Opfer

Manche meinen, sie hätten ein unversehrtes Leben verdient und selbstverständlich müsse alles perfekt sein. Wenn dann ein Schicksalsschlag kommt, können sie das nicht annehmen. Sie hadern mit ihrem Leben und dem, was ist. Dann bedauern sie sich selbst und werden zum Opfer. Ein Mensch jammerte, er möchte gern etwas bewegen und hat aber als armes Opfer keine Energie dafür. Kein Arzt findet eine Diagnose. Ich brülle ihn an und sage ihm: „Was willst du mit einer Diagnose. Wenn Du etwas bewegen willst, dann krieg den Arsch hoch!"

Ich sitze gelähmt im Rollstuhl, bin ehrenamtlich im Hospizdienst zum Dienst bereit und fahre im Rollstuhl in meine Praxis, um Bedürftige homöopathisch zu behandeln. Und ich schreibe Bücher und male Bilder.

Egal unter welchen Umständen wir leben. Es ist immer möglich, etwas zu tun, was uns am Herzen liegt.

Aber es wäre mir auch möglich als Opfer des Schicksals nichts zu tun, nach dem Motto: „Ich würde ja gerne…, aber ich bin ja gelähmt und muss im Rollstuhl sitzen. Ich armes Opfer."

Das arme Opfer ist hochmütig. Es würde ja gern, kann aber durch äußere Umstände nicht. Wenn uns wirklich etwas am „Herzen" liegt, dann tun wir es, dann kann uns im Außen nichts davon abhalten.

Aber leider ist es einfacher, ein Opfer zu sein.

Es ist Hochmut zu sagen: „Schau her, ich bin ein armes Opfer äußerer Umstände. Ich würde ja gern, aber ich kann nicht." Und die Welt sieht voller Mitleid die Opfer.

Mitleid ist hochmütig

… und es hilft Keinem, erst recht nicht einem Leidenden.
Ein Leidender braucht kein Mitleid. Er braucht Mitgefühl und Akzeptanz und Respekt.

Respekt und Akzeptanz macht demütig

Es ist sehr befreiend und heilend, das Leben zu akzeptieren, wie es ist.
Das Leben will uns nichts Böses.
Alles, was ist, hat einen Grund, den wir nicht immer sofort erkennen können. Doch das Wichtigste ist, anzunehmen, wie es ist und was ist.
Als mein Leben im Rollstuhl begann, habe ich keine Sekunde gehadert. Mir war bewusst: Das ist jetzt mein Leben und ich werde sehen, was ich nun tue.
Ich schaue auf das, was geht und nicht auf das, was nicht geht.
Demütig verneige ich mich vor dem, was plötzlich alles geht.

Eigene göttliche Gaben erkennen macht demütig

In meiner Heilpraktikerausbildung beschäftigte ich mich sehr intensiv mit klassischer Homöopathie.
Dann als Heilpraktikerin in eigener Praxis trat die klassische Homöopathie immer mehr in den Hintergrund. Alle möglichen anderen Therapieverfahren erlernte ich und sie nahmen ihren Platz in meiner Praxis ein. Ich führte manuelle Therapien durch, wie Dorn / Breußbehandlung und Craniosacrale Osteopathie. Vielen Menschen konnte ich mit diesen Methoden sehr gut helfen. Dann führte ich, um gute Diagnosen zu erstellen die Irisdiagnose und Dunkelfeldvitalblutanalyse durch.
Ich tat Vieles und hatte Erfolg. Nur die klassische Homöopathie hatte ich völlig vergessen.
Dann saß ich im Rollstuhl und hatte selbst oft Beschwerden, die mir halfen, mich an die klassische Homöopathie zu erinnern. Und ich fand schnell passende Arzneimittel, die mir in der Not halfen.
Der Erfinder der klassischen Homöopathie, Dr. Samuel Hahnemann, schreibt in seinem „Organon der Heilkunst", Homöopathie sei ein Gottesgeschenk, eine göttliche Gabe.

Ich habe erlaubt, dass mein Ego die Heilpraktikerin in mir beherrscht.
Im Rollstuhl hat der höhere Geist das Ego abgelöst.
Demütig verneige ich mich vor meinem Schicksal, es brachte mich zu meinen Wurzeln zurück.

Demütig erkenne ich meine göttliche Gabe, die Homöopathie.

Dafür kam das Schicksal, dass ich meine göttliche Gabe erkenne. Das ist der Grund. Der Grund ist nicht das Warum, sondern das Dafür.

Nun behandele ich auch wieder andere Menschen mit klassischer Homöopathie.

Demütig verneige ich mich vor dem Geschenk Gottes, meiner Gabe.

Demütig verneige ich mich vor dem, was ich dem Leben schenken darf.

Gedicht: Dafür hat mich Gott zu Erde gesandt

Dafür hat mich Gott zur Erde gesandt.
Endlich habe ich es erkannt.
Freude treibt Tränen in meine Augen.
Ich kann es kaum glauben.
In Demut
sinke ich nieder vor dem Herrn.
Ich nehme meine Aufgabe gern.
Danke für Gottes Gnade,
aus der ich empfing meine Gabe.

Menschlich sein bringt Demut

Wir sind nur Menschen. Als einzelne Menschen ist jeder ein Teil der Menschheit.
Als Menschheit sind wir Teil der Schöpfung, Teil des Lebens.
Wir haben uns nicht selbst erschaffen. Es gibt immer etwas Höheres, etwas, was größer ist.
Und wir dürfen klein sein. Wir sind Mensch. Der eigenen Kleinheit bewußt erkennen wir das Größere, in dem wir sind. Das Größere darf Gottes Schöpfung sein. Wer nicht an Gott glaubt, für den darf es auch einfach das Leben sein.
Ich bin nur ein kleiner Mensch. Ehrfürchtig und demütig verneige ich mich vor dem Größeren, Göttlichen in dem ich Mensch sein darf.
Wenn ich am Meer stehe, Ebbe und Flut beobachte, fühle ich vor diesem gigantischen Naturschauspiel meine Kleinheit als Mensch. Der Mond hat die Kraft das Meer zu bewegen. Das ist mir als Mensch nicht möglich. Ich fühle mich menschlich.
Ich muss nicht alles kontrollieren, nicht alles im Griff haben. Ich bin einfach nur Mensch.
Ich muss nichts verstecken. Ich darf menschlich sein. Dann werde ich demütig.
Demütig verneige ich mich vor der Menschlichkeit, heile und werde frei.

Demut befreit uns von Zwängen

Als Mensch muss ich Menschliches nicht verstecken.
Ich darf mich zeigen, wenn ich krank bin oder mit
körperlichen Einschränkungen lebe.
Demütig nehme ich an, was ist. Und diese Demut
befreit mich vom Zwang, mich verstecken zu wollen.
Sie befreit mich vom Zwang, mir auszudenken, was
andere von mir denken könnten. Es ist unwichtig.
Demut macht mich frei und heilt. Demut befreit mich
von der Anstrengung, mich anders zu zeigen als ich
bin.
Ich muss nichts verstecken und muß auch nichts
„schauspielen" was nicht ist.
Ich darf ohne Zwänge einfach leben und demütig
mein Leben annehmen, wie es ist.

Hilfe erbitten macht uns demütig

Das niedere Selbst mit seinem Ego redet uns gern ein,
wir sollten nicht um Hilfe bitten.
Das Ego meint, es falle ihm ein Zacken aus der Krone,
wenn es bittet.
Erst recht, wenn es Gott im Gebet bittet.
Ein Ego betet nicht. Ein Ego macht alles selbst. Ein
Ego meint auch, alles selbst zu können.
Ein Ego meint nicht, dass es Größeres gibt. Ein Ego
lehnt Gott ab. Ein Ego betet nicht.

Ein Ego kann nicht zugeben, dass es etwas Höheres gibt, als es selbst.

Selbst im schlimmsten Zweifel wendet es sich nicht an Gott. Da spielt das Ego lieber Opfer, bedauert sich selbst und lässt sich bedauern.

Nur das höhere Selbst mit seinem bewussten Geist kann sich demütig vor dem Höheren verneigen und um Hilfe bitten.

Dem höheren Selbst ist es bewusst, dass es nicht alles selbst kann und nur im Einssein mit Gott erschafft.

Der heilige Geist verbindet uns mit Gott und lässt uns im Einssein mit Gott zum Mitschöpfer werden.

Gedicht: Einssein mit Gott

Barmherziger Gott,
du hast mich ausgedacht.
Barmherziger Gott
du hast mich gemacht.
Barmherziger Gott,
in dir bin ich erwacht.
Barmherziger Gott,
ich rufe dich an,
weil ich weiß,
dass ich ohne dich nichts erschaffen kann.
Demütig liege ich in deiner Hand.
Und du schenkst mir das
Einssein mit dir.
Barmherziger Gott,

danke für deine Gnade.
Danke für deinen Segen,
in dem ich darf leben
im Einssein mit Gott.
Demütig nehme ich aus deiner Hand
das Leben an.
Ohne dich, mein Gott,
wäre ich nicht hier.
Ohne dich, ich allein nicht leben kann.
Alles Leben kommt aus deiner Hand.
Demütig komme ich in dir an.
Ich weiß, dass ich nur in dir erschaffen kann.
Im Gebet fühle ich
Einssein mit Gott.
Ich vertraue deinem Wort.

Einssein mit Gott macht demütig

Der menschliche Körper kann nichts erschaffen.
Nur der Geist erschafft.
Der Geist ist im heiligen Geist eins mit Gott.
Im Einssein mit der Schöpferkraft erschafft der Geist.

Nach einem Schlaganfall hat mir Gott ein neues
Leben geschenkt.
Die Ärzte sagten meinem Mann: „Wir müssen
abwarten, ob ihre Frau die Nacht überlebt"

Auch ich selbst konnte nicht beeinflussen, ob ich überlebe oder nicht. In Gott bekam ich ein neues Leben.

Demütig sinke ich in Gott. In Gott wurde ich durch die schwerste Zeit in meinem Leben getragen.

Demütig verneige ich mich und werde mir bewusst, dass ich Einssein mit Gott bin.

Das, was ich erschaffe, erschafft das Göttliche in mir. Gott macht keinen Unterschied zwischen sich und mir. Er macht keinen Unterschied.

Nur das menschliche niedere Egoselbst trennt sich von Gott und will sich hochmütig über Gott stellen.

Das göttliche Selbst macht demütig

Doch wir müssen uns nicht von unserem niederen Egoselbst führen lassen.

Wir haben die Wahl.

Wir dürfen uns von unserem höheren Selbst, dem heiligen Geist führen lassen und unser göttliches Selbst in unserem Leben leben.

Dieses Bewusstsein, dass wir selbst göttlich sind, macht demütig.

Nicht nur Auserwählte haben ein göttliches Selbst.

Einssein macht demütig

Sondern jeder Mensch ist göttlich. Und in Gott sind wir alle Eins. Es gibt keinen Unterschied, kein besser, kein schlechter. Es ist nicht so, wie die Faschisten behaupten, dass Asylanten die schlechteren Menschen sind.
Wir sind alle Eins.
Wir sind eine Menschheit.
Als göttliche Kinder sind wir alle Brüder und Schwestern.
Wir sind als Brüder und Schwestern eine Menschheit.
Demütig dürfen wir uns vor unseren Brüdern und Schwestern verneigen. Wir erkennen sie als göttliche Wesen, egal welche Hautfarbe sie haben und woher sie kommen.
Keiner ist schlechter, keiner ist besser.
Wir leben alle auf der gleichen Erde unter einem Himmelszeit.
Respektvoll sollten wir denen begegnen, die ihre Heimat zurückgelassen haben, aus Angst um ihr Leben und das ihrer Kinder, aus Angst vor Krieg und Gewalt.
Demütig dürfen wir uns vor denen verneigen, die so mutig waren und eine neue Heimat suchen. Demütig bewundern dürfen wir diese Menschen.
Wenn wir unser Ego, das hochmütig meint, besser zu sein, weil wir hier in Europa geboren sind, selbst überwinden, werden wir demütig.
Und es würde kein Asylantenheim mehr niederbrennen!

Wir sind nichts besseres, weil wir im Wohlstand, in Europa geboren sind.
Es hätte auch für uns anders sein können.
Wir sind alle Schwestern und Brüder.
Wir sind alle Eins.
Das lässt uns respektvoll miteinander sein und uns demütig voreinander verneigen.
Keiner hat einen Grund, sich als etwas Besseres zu fühlen und hochmütig zu sein.
Wir gehen alle auf der gleichen Erde und atmen die gleiche Luft.
Keiner hat das Recht, andere zu verurteilen.

Ich sitze behindert im Rollstuhl. Mancheiner denkt, das sei kein Leben, es wäre doch besser gewesen, wenn ich gestorben wäre. Nein, wäre es nicht. Es gibt noch viel für mich in diesem Leben zu tun.
Viele Bücher möchten noch von mir geschrieben werden.
Viele Klienten brauchen noch meinen homöopathischen oder spirituellen Rat.
Und ich darf anderen zeigen, dass man nicht im Jammertal versinken muss, wenn das Schicksal kommt. Ich darf zeigen, dass man auch im schweren Schicksal positiv und in Liebe sein Leben meistern kann.
Wer also denkt, mein Leben sei nicht lebenswert, der irrt und erlaubt seinem Ego, sich eine hochmütige Meinung zu bilden.

Verzicht auf Urteil macht demütig

Viele meinen, alles, was sie wahrnehmen, bewerten zu müssen.
Immer wieder wird über Andere geurteilt, ohne zu wissen, was wirklich mit dem Anderen passiert.
Das Egoselbst nimmt sich einfach das Recht über das Leben Anderer zu urteilen.
Auf der Ebene des höheren Selbst, im günstigsten Fall im heiligen Geist, gibt es kein Urteil mehr.
Im Heiligen Geist sind wir Eins und begegnen uns in Akzeptanz und Demut.

Demut macht frei

Nur das Ego verurteilt, möchte Recht haben, kontrollieren und besser sein.
Das Ego ist dadurch in sich selbst gefangen, hart und fest.
Im höheren Selbst wird nicht bewertet. Alles darf sein.
Wir entscheiden uns, in welchem Geist wir leben möchten. Verhärtet im Egogeist oder demütig im höheren Selbst.
Demut befreit uns vom Urteil, vom Bewerten, letztendlich vom Egogeist.
Der Hochmütige ist verhärtet in seinem Ego und leidet. Der Demütige „steht wahrlich über den Dingen", denn er denkt im höheren Selbst.

Der Hochmütige bildet sich in seinem kleinen Ego gern ein, über den Dingen zu stehen. Dabei „kriecht" er in seinem kleinen Ego gefangen, erbärmlich falschen Werten nach.

Wohingegen das höhere Selbst sich befreit hat und in Gottes Führung lebt. Demütig kann sich dieser Mensch verneigen. Er ist dann befreit vom Urteilen, befreit von Angst, befreit von Zweifel, befreit sich vom Beleidigt sein. Nur ein Ego ist beleidigt und fühlt sich angegriffen.

Das höhere, göttliche Selbst ist in Liebe. In Liebe begegnen wir unseren Mitmenschen demütig.

Demut macht frei.

Demut befreit unseren Geist und unsere Seele.

Alle Ängste, Zwänge und Urteile lösen sich auf.

Sie sind im höheren Selbst nicht vorhanden.

Hier gibt es nur Liebe und Demut.

Demut heilt

Demut befreit uns von den egoistischen Motivationen.

Demut lässt uns das Ego überwinden und im höheren Selbst ankommen.

Im hohen Selbst müssen wir nicht mehr zweifeln, nicht mehr hadern und nicht mehr klagen.

Im Geist wird alles erschaffen.

Der Körper kann nichts erschaffen. Erschaffen braucht den Geist.

Im niederen Selbst, im Egogeist, erschaffen wir Mangel, Angst und Leid.
Im höheren Selbst, im heiligen Geist, erschaffen wir Liebe und Demut.
Zweifel und Angst schafft Leid.
Liebe und Demut heilt.
Denn wo wir demütig sind, haben wir in Liebe erschaffen.
Und in Liebe gibt es keinen Mangel. Liebe ist heilig.
Was heilig ist heilt.

Gedicht: Demut heilt

Das Ego schafft Leid.
Es ist jetzt an der Zeit,
das Ego zu überwinden
und die Wahrheit zu finden.
Im hohen Selbst anzukommen,
das Götliche angenommen
darf alles in Liebe sein.
In Liebe lassen wir
uns aufs Leben ein.
In Liebe gesegnet
sind wir unseren Schwestern und Brüdern begegnet.
Wir reichen uns die Hand,
nehmen uns an,
wollen uns voreinander verneigen
und nicht mehr leiden.
Jetzt ist es Zeit:
Demut heilt.

Es ist an der Zeit

An Poblemen sind Politiker schuld. Dann werden andere gewählt, die es angeblich besser machen können.

An uneilbaren Krankheiten sind Mediziner und Therapeuten schuld.

An zerbrochenen Beziehungen und Freundschaften ist immer der Partner schuld.

Es ist an der Zeit, das Ego zu überwinden. Denn nur das Ego ist schuld an Krankheiten. Nur das Ego stellt Diagnosen. Nur das Ego urteilt und beschuldigt Andere. Nur das Ego hat Angst und handelt aus Angst.

Das hohe Geist selbst ist in Liebe und handelt aus Liebe.

Es ist an der Zeit, das Ego zu überwinden und in Liebe im hohen Geist selbst zu leben.

Viele Menschen schimpfen, wie schlimm alles geworden ist. Was tun sie denn dafür, dass es wieder besser wird?

Es ist an der Zeit, aus den Egoprogrammen auszusteigen und uns in Liebe die Hände zu reichen.

Viele Menschen meinen, es müsse sich etwas ändern. Es müsse besser werden. Das wird es bestimmt nicht, wenn Faschisten gewählt werden und die politische Macht übernehmen. Das wird es bestimmt nicht, wenn wir Angst haben, Geflüchtete könnten uns etwas wegnehmen, was uns angeblich zusteht. Es wird auch nicht besser, wenn wir auf unsere

Mitmenschen schimpfen und ihnen nichts Gutes
gönnen.
Es ist an der Zeit, dass sich etwas ändert!
Und dabei sollte jeder bei sich selbst anfangen!

Ändern kann sich nur jeder selbst

Jeder Mensch kann etwas tun, dass es besser wird.
Dem leidenden Nachbarn zuhören. Einen Leidenden
einfach mal in den Arm nehmen, einfach bei ihm sein.
Vielleicht sogar in einem Ehrenamt etwas für seine
Mitmenschen tun.
Alle wünschen sich, dass sich etwas ändert und
unsere Welt eine bessere wird.
Wenn sich etwas ändern soll, muss sich jeder
einzelne Mensch ändern.
Wir sollten uns vom Ego, seiner Angst und seinem
Urteil abwenden und in Liebe gehen.
Wir können nicht die Anderen ändern, aber wir
können uns selbst ändern!
Und jeder Andere kann nur sich selbst ändern.

Das sein, was wir uns von der Welt
   wünschen

Wir wünschen uns von der Welt, dass sie anders und
besser wird.

Wir wünschen uns mehr Menschlichkeit, mehr Rücksicht und Akzeptanz.
Fangen wir doch einfach bei uns an. Machen wir es besser. Nehmen wir Rücksicht und akzeptieren die Anderen. Wenn jeder bei sich anfängt, Andere zu akzeptieren, werden wir irgendwann alle in einer Welt leben, in der jeder akzeptiert wird. Dann haben wir die Welt, die wir uns wünschen.

Wir formen unser Leben und uns selbst

Jeder muss sich bewusst werden, dass er das, was er erlebt, selbst erschaffen hat. Wenn wir uns Liebe wünschen, müssen wir selbst in Liebe sein. Und dann werden wir Liebe erleben.
Die Liebe finden wir im höheren Selbst.
Um in Liebe zu sein, müssen wir den Hochmut des Egoselbstes überwinden und uns in Demut vor anderen verneigen. So fangen wir an, eine Welt in Liebe zu erschaffen.

Die geistige Welt öffnet sich

Wenn wir in unserem höheren Selbst in Liebe sind, gehen wir in Resonanz mit dem Göttlichen. Denn Gott ist Liebe. Dann öffnet sich die geistige Welt.

Wir nehmen in dieser Ebene die geistige Welt wahr.
Vielleicht sehen wir Engel oder liebe Verstorbene.
Dann erkennen wir, die Liebe ist stärker als der Tod.

Die Liebe ist die höchste Kraft

…, die uns in höchste Ebenen trägt. Denn die
höchsten Ebenen sind Liebe. Engel haben Flügel.

Gedicht: Engel haben Flügel

Engel haben Flügel,
tragen uns auf ihnen in die Liebe.
Dort finden wir den Frieden,
den wir immer suchten
und nie gefunden.
Denn im kleinen Egoselbst ist er verschwunden.
Engel haben ihn in die Ebenen der Liebe getragen.
Wir dürfen es wagen,
auf Engelsflügeln
mitzufliegen
in göttliche Liebe.

In Demut die kleine Egohochmut überwinden

In Demut steckt das Wort Mut. Wir brauchen Mut, das kleine Egoselbst zu verabschieden und uns der hohen Liebe zu öffnen. Denn man hat uns gelehrt, im Ego zu leben.

Im Egoleben müssen wir aufpassen, dass uns keiner etwas nimmt, was uns gehört. Im Egoselbst haben wir Recht. Im Egoleben vertrauen wir keinem, erst recht nicht Gott. Von ihm sind wir weit entfernt. Für das Ego gibt es keinen Gott. Es gibt nur sich selbst. Hochmütig hebt sich das Ego über alles. Und wenn etwas schief läuft, wird es zum Opfer.

Wer den Mut zur Demut hat, schmälert das Ego. Denn das Ego ist zur Demut nicht bereit.

Das Ego fürchtet damit seinen Untergang.

Das Ego fürchte sich davor, nicht mehr gebraucht zu werden. Deshalb kämpft es so sehr um seine Existenz, beharrt auf sein Recht.

Wer das Egoselbst überwinden möchte, muss demütig werden. Demut zwingt das Ego in die Knie.

Das Ego verneigt sich nicht. Da verliert es lieber seine Existenz.

Ein Ego verneigt sich nicht, es gibt lieber auf.

Mit Demut ist das Ego überwunden, und im Ich wirkt das höhere Geistselbst.

Das höhere Geistselbst ist bewusst in Liebe, Eins mit Gott

… und verneigt sich vor dieser hohen Energie.
Das höhere Geistselbst hat das Ego und dessen Hochmut überwunden.
Es ist in reiner göttlicher Liebe.

Das höhere Geistselbst befreit und heilt das Ich

Im höheren Geistselbst ist es dem Ich nicht mehr wichtig, Recht zu haben, usw.
Das höhere Geistselbst ist im heiligen Geist eins mit Gott.
Da Gott Liebe ist, ist auch unser höheres Selbst Liebe.
Im höheeren Selbst ist ein Ich nicht fähig, bösartig zu sein. Im höheren Selbst wird ein Ich nicht Fremde angreifen oder gar zerstören.
Im höheren Geist selbst ist das Ich befreit von den Motivationen des Ego.
Im höheren Selbst heilt das Ich, weil es das kranke, kleine Egoselbst überwunden hat.

Aufrichtige Reue macht demütig

Unser Ich trifft Entscheidungen. Werden diese Entscheidungen im Egoselbst getroffen, kommt es oft zu Fehlern. Bemerkt das Ich den Fehler und zeigt aufrichtige Reue, so liegt die Schuld im Egoselbst. Das Egoselbst gibt Fehler, Mangel und Schwäche nicht gern zu. Wenn das Ich im höheren Selbst aufrichtig das Geschehene bereut, gesteht es sich Schuld ein und geht in Demut, in die es das Egoselbst mitzieht. Das Egoselbst wird in die Knie zur Demut gezwungen Vielleicht versucht es sich verzweifelt aus der Schuld zu befreien, indem es in eine Opferrolle geht, „Der Fehler musste ja geschehen, weil es keine andere Wahl hatte", das arme Egoselbst.
Das Ich kann sich retten, indem es dem höheren Selbst die Führung überlässt und zu seiner Schuld steht und um Gottes Hilfe bittet.
Gott ist Liebe und in diese werden wir finden, wenn wir ihn um Hilfe bitten.
In göttlicher Liebe verliert das Egoselbst seine Macht und das höhere Selbst führt das Ich.

Demut bringt uns in Liebe

Ein Ich, das zu seinen Fehlern steht, aufrichtig bereut, ist demütig. Demut führt das Ich in Liebe und das Egoselbst verliert seine Macht.

Demut heilt

Mit dem Machtverlust des Egoselbstes ist es vom hohen Selbst überwunden.
Im göttilchen, hohen Selbst geschieht Heilung.

Heilung in unserem heiligen Ort

Unser heiliger Ort ist der, der immer in Gott ist und nie von Gott getrennt war.
Unser heiliger Ort ist unser hohes, göttliches Selbst. Hier heilen wir und sind heilig. Hier hat das Ego keinen Zutritt. Hier ist der Heilige Geist, der uns von Gott gesandt. Über dem höheren Selbst steht das Christusselbst und Gott in höchster Liebe. An diesem Ort dürfen wir angeschlossen sein von Ewigkeit zu Ewigkeit.
In unserem heiligen Ort ist immer Heilung. Hier ist schon alles geheilt.
Krankes gibt es nur in unserem niederen Egoselbst.

Demut befreit von Erwartungen

Menschen erwarten oft von Anderen oder von Lebenssituationen, dass das geschieht, was sie möchten und wie sie es sich wünschen.

„Doch meistens kommt es anders, als man denkt", heißt eine Volksweisheit.

Erwartungen im Ich gibt es nur, wenn das Egoselbst regiert. Das Egoselbst hat Erwartungen und möchte, dass der eigene Egowille geschieht.

Das hohe Selbst ist über den Heiligen Geist mit Gott verbunden. Hier sind wir im göttlichen Plan. Hier darf Gottes Wille gechehen. „Dein Wille geschehe", heißt es im Vaterunser.

Wer bereit ist in Demut in Gottes Willen das Seine anzunehmen, überwindet sein eigenes Egoselbst. Dann ist der Mensch befreit von Erwartungen und wird zufrieden. Dann müssen wir für nichts mehr kämpfen. Dann müssen wir uns nicht mehr unter Druck setzen, um bestimmte Dinge zu erreichen.

In Demut annehmen, was ist

Befreit vom Druck darf endlich geschehen, was geschehen soll.

Fühlt sich das nicht frei und gut an? Keinen Druck mehr haben.

Und dafür müssen wir nichts tun, außer in Demut annehmen, was ist.

Ich schreibe diese „großen Worte" nicht, während ich auf der Sonnenseite des Lebens bin.

Nach einem Schlaganfall sitze ich halbseitig gelähmt jetzt das achte Jahr im Rollstuhl. In Demut nehme ich mein Leben an.

Das Leben anzunehmen, wie es ist, fällt vielen Menschen schwer.

Und es ist wieder mal das Egoselbst, was darauf beharrt, dass alles so sein müsste, wie man es sich selbst vorstellt, wie es zu sein hat.

Das kleine, armseelige Egoselbst überwinden wir, indem wir uns demütig vor dem, was ist, verneigen. Das verleiht uns Flügel und hebt uns empor ins höhere Selbst, in göttliche Liebe. Dort angekommen haben wir das ärmliche Egoselbst überwunden.

Gedicht: Demut verleiht uns Flügel

Demut verleiht uns Flügel,
die uns emportragen
in göttliche Liebe.
In ihr müssen wir nicht mehr sagen,
was uns im Leben nicht gefällt.
Von hier aus sehen wir in eine liebende Welt.
Hier gibt es nichts mehr zu klagen.

Demut macht dankbar

In verkrampfte Gesichter sieht man, wenn wir uns durch Menschenansammlungen bewegen. Ob beim Einkaufen, in der Stadt, in einer Gaststätte, egal wo, kaum ein Lächeln, kaum ein offener Blick. Jeder zieht sich in sich zurück, lebt in seiner eigenen Egowelt.

Dabei könnten wir dankbar sein. Dankbar für so Vieles: Dass wir im Frieden leben und einfach in der Stadt spazieren können, ohne Angst haben zu müssen, dass gleich eine Bombe fällt. Unsere geflüchteten Mitbewohner kennen solche Ängste. Und hier gehen sie spazieren und sehen in verkrampfte Gesichter und Augen voller Angst, die sich sorgen, dass ihnen selbst etwas weggenommen wird.

Dabei gehört uns allen die Erde.

Wer sich demütig verneigt, vor dem, was er haben darf, wird dankbar. Nichts, von so Vielem, was wir haben, ist selbstverständlich.

Es ist nicht selbstverständlich, dass das Angebot im Supermarkt so reichhaltig ist. Es ist nicht selbstverständlich, gesund zu sein. Es ist nicht selbstverständlich, in einem eigenen Haus, auf eigenem Grundstück zu leben. Es ist so Vieles nicht selbstverständlich, was wir als selbstverständlich annehmen.

Es geht Anderen, die im Krieg leben oder krank sind, viel schlechter.

Demütig dürfen wir uns verneigen und dankbar sein. Dankbar für das, was ist.

Demut macht großzügig

Meistens erwarten Menschen, die etwas geben, etwas zurück.
Ich habe ein Geschenk zu einer Gelegenheit bekommen, also bin ich verpflichtet, bei der nächsten Gelegenheit etwas gleichwertiges zurückzuschenken. So denkt das Egoselbst. Das hohe Selbst gibt großzügig aus Liebe und nicht aus Pflichtgefühl.

Demut lässt uns das Egoselbst überwinden

Demut ist das, wozu das Ego nicht fähig ist. Das Ego verbeugt sich nicht. Das Ego macht sich nicht klein. Das Ego will herrschen. Deshalb wird das Ego klein, wenn das Ich sich zur Demut entschließt.
Das Ego wird geschwächt und vielleicht irgendwann ganz überwunden.
Wenn wir das Ego überwunden haben, werden wir heil. Denn das Ego macht krank.

Das hohe Geistselbst heilt

..., denn es ist am Heiligen Geist angeschlossen. Es ist am Heiligsein angeschlossen.

Mit Demut schaffen wir in unserem Ich Platz für den Heiligen Geist.

Der Heilige Geist heilt heilig

Den letzten Schritt zur Erlösung und Heilung übernimmt der Heilige Geist.
Denn ihn laden wir ein, wenn wir das Ego überwunden haben.
Demut ist die Einladung für den Heiligen Geist in unser Ich.
Durchströmt vom Heiligen Geist dürfen wir hier auf Erden leben.
Aus Dankbarkeit dürfen wir uns dem Leben schenken.
Am Ende gibt es eine Frage, die lautet: „Was hast du von dir dem Leben geschenkt?"

Demütig dem Leben schenken

Ein Ich, das vom Ego geführt wird, verschenkt dem Leben seine Fähigkeiten und erwartet entsprechende Entlohnung.
Für Arbeit wird Entlohnung erwartet. Das Ego gibt nicht gern, wenn es nichts dafür bekommt.
Alle unsere Talente und Fähigkeiten sind Gottes Gaben.

Das höhere Selbst gibt gern. Der Lohn für das, was es gibt, ist Freude.
Eine Volksweisheit lautet: „Die Freude, die du schenkst, kehrt ins eigene Herz zurück.“
Demütig dem Leben schenken, was uns Gott schenkte. Das macht uns reich, weil wir im Heiligen Geist handeln.

Gedicht: Talente sind Gottesgeschenke

Talente sind Gottesgeschenke.
Talente sind Gaben,
für diese dürfen wir danke sagen.
Nutzen wir die Momente
zu leben
die Geschenke.
Mit göttlichen Segen
Sind sie zu uns gekommen.
Wir haben sie angenommen.
Sie sollen uns führen,
mit ihnen wir das Leben berühren.

In Demut die Gaben ins Leben geben

Unser Ego hat unsere Talente und Fähigkeiten nicht erschaffen.

Gott hat uns diese Gaben geschenkt. Es ist unsere Aufgabe diese Geschenke auszupacken und im hohen Selbst das Leben zu berühren.

Ich arbeite ehrenamtlich im ambulanten Hospizdienst. Auch im Rollstuhl sitzend habe ich meinen Dienst angeboten.

Ich arbeite in meiner Praxis mit klassischer Homöopathie und spiritueller Beratung. Das ist auch im Rollstuhl möglich. Ich muß dazu nicht laufen. Ich brauche für diese Arbeit meinen Geist und Gottes Gaben.

So ist es mir möglich, meine Gaben ins Leben zu geben.

Ich verlange für meine Arbeit kein Geld.

Jeder darf freiwillig etwas in eine Spendendose geben.

Mein Lohn ist die Freude, die mir meine dankbaren Klienten zeigen.

In einer nahen Stadt wird ein Hospiz erbaut. Ich habe dafür eine Spende gereicht und bin Patin dieses Herzensprojektes.

Gern gebe ich etwas ab.

Das ist auch im Rollstuhl möglich.

Vor meinem Nordseeurlaub gab ich die Spende, auch als Dank, dass ich diese Urlaubstage haben darf.

So nehme ich am Leben teil und unterstütze etwas Gutes.

In Demut achte ich dieses Projekt, das für viele Menschen zum Segen werden darf.

In Demut geben, heißt auch, freiwillig geben, ohne dafür etwas zurückzubekommen.

Das Ego errechnet für seine Dienste materielle Entlohnung.
Das höhere Selbst braucht nichts Materielles.
Der Lohn des höheren Selbstes ist Freude und Liebe.
Das, wobei wir Liebe und Freude fühlen, findet im hohen Selbst statt.

Das, wo materieller Lohn erwartet wird, findet im Ego statt.

Heiliges Tun

Im hohen göttlichen Selbst wird Arbeit zum heiligen Tun.
Im höheren Selbst erlebt das Ich seine Arbeit dankbar. Das Ich ist demütig und dankbar, dass es diese Arbei tun darf.
Durch die Arbeit empfindet das Ich Freude und Liebe.
Die Arbeit wird zu heiligem Tun.
Jeder Moment wird zu einem heiligen Augenblick, vor dem sich das Ich verneigt.

Demut besiegt das Ego

Diese Demut kann das Ego nicht ertragen. Das Ego will Entlohnung in materieller Form. Und dann kommt vielleicht noch ein anderes Ego von Außen, das ratschlägt: „Du kannst dich doch nicht so billig unter deinem Wert verkaufen."

Dann blüht das Ego auf und legt die entsprechende Tätigkeit nieder, weil es keinen Zweck für das Ego hat. Denn der einzige Zweck des Egos für Arbeit ist Entlohnung.

Doch wenn das Ich Liebe und Freude für seine Tätigkeit fühlt und sich demütig verneigt, dass es diese Arbeit tun darf, besiegt die Demut das Ego.

Das Höhere Selbst übernimmt die Führung im Ich

Dann wird das Ich vom Höheren Selbst geführt. Das Höhere Selbst ist mit dem Heiligen Geist mit Gott verbunden. Alles Tun wird heilig und eine lebendige Liebeshandlung. Das Ego ist besiegt und alles ist Liebe.

Durch Demut ist das Ego überwunden.

Das Höhere Selbst verneigt sich demütig vor dem, was ist.

Der Hochmut des Egoselbst ist überwunden.

Das Ich wird vom Höheren Selbst geführt. Somit befreit und heilt Demut.

Gedicht: Weil alles göttliche Liebe ist

Demütig verneige ich mich.
Dann leuchtet in mir das göttliche Licht.
Dann bin ich frei,
alle Angst wird schwinden.
Dann bin ich heil,
in Gott getragen.
Das Heilige hat keine Fragen
mehr,
weil alles göttliche Liebe ist.

Das Heilige hat keine Fragen mehr

Unser Egoselbst hat viele Fragen und kaum Antworten. Das Egoselbst möchte alles unter Kontrolle haben. Das Egoselbst hadert und zweifelt. Am Ende erschafft es Leid und Krankheit. Es bringt sich selbst in Not und hält dabei fest an seinem Hochmut.
Wenn wir das Egoselbst überwunden haben, sind wir frei von hadern und zweifeln.
Dann betreten wir in unserem Ich ein Heiligtum. Das höhere Selbst ist verbunden mit dem Heiligen Geist.
Dort angekommen gibt es keine Fragen mehr. Wir suchen nicht mehr. Wir haben gefunden.
Wir brauchen keine Liebe mehr, wir sind Liebe.
Wir zweifeln nicht mehr an Gottes Existenz. Wir sind in Gott getragen.

Mit dem Ego ist auch der Körper überwunden

Das Ego ist an den Körper gebunden.
Nur mit dem Egoselbst nehmen wir Mangel in unserem Körper wahr. Nur im Egoselbst erleben wir Schmerz und Lähmung.
Ich sitze das achte Jahr im Rollstuhl, halbseitig gelähmt.
Doch ich fühle mich in meinem Körper in Bewegung. Manchmal spüre ich nach einer Rollstuhlspazierfahrt sogar Muskelkater, als wäre ich gelaufen.
Demütig verneige ich mich vor dem Heiligen Geist, der auch im Körper die Führung übernommen hat.
Mein Ego ist überwunden und mit ihm der Körper.
Ich habe einen behinderten Körper, aber ich bin nicht mein behinderter Körper.

Ich bin ein freier Geist, der lebt und liebt.
Ich bin demütig im Heiligen Geist Gottes geborgen.
Trotz äußerer Umstände, gelähmt das achte Jahr im Rollstuhl, bin ich ein glücklicher, zufriedener Mensch.

Schlusswort

Wer sich demütig verneigt, überwindet Körper und Ego und lebt als Ich im Heiligen Geist, zufrieden und glücklich, egal in welchen Umständen wir leben.
Es kommt nicht darauf an, was ist. Es kommt auch nicht darauf an, was unser Ego selbst will. Es kommt nur darauf an, wie wir es nehmen und wessen Geistes Kind wir sind.
Ich wünsche allen meinen Lesern und allen Menschen ein zufriedenes, glückliches Leben, von gutem Geist geführt.

Nayalavee

Martina Herbig

Quellen:

Es gibt zu diesem Buch keine Quellen.
Meine Beobachtungen, Erfahrungen sind die einzigen Quellen.

Zu meiner Person:

Ich heiße mit bürgerlichem Namen Martina Herbig. Mein Seelenname ist Nayalavee. Dieser wurde mir über das Medium Natara übermittelt. Dafür danke ich Natara von ganzem Herzen.
Ich wurde 1965 in einem kleinen Ort in Thüringen geboren und wuchs in Liebe in diesem Ort auf.
Nach Schulabschluß erlernte ich den Beruf Krankenschwester und arbeitete als Krankenschwester in dem Krankenhaus unserer Kreisstadt. Dann absolvierte ich nebenberuflich die Heilpraktikerausbildung, die ich mit erfolgreicher amtsärztlicher Prüfung abschloß.
Ich bin in zweiter Ehe verheiratet.
1998 wurde ich Mutter eines wunderbaren Sohnes. Demütig verneige ich mich vor dieser wunderbarer Seele, der ich in diesem Leben Mutter sein darf.
1999 eröffnete ich als Heilpraktikerin meine eigene Naturheilpraxis.
In meiner Ausbildung und am Anfang meiner Tätigkeit liebte ich die klassische Homöopathie und fühlte mich mit dieser Therapieform sehr verbunden.
Im Laufe meiner Tätigkeit kamen weitere Methoden hinzu. Dorn/Breuß-Behandlung, Craniosacrale Osteopathie, Dunkelfeldvitalblutuntersuchung. Das alles wendete ich erfolgreich an. Doch ich entfernte mich dabei immer mehr von der klassischen Homöopathie.
2017 wurde ich durch eine Hirnblutung aufgrund eines geplatzten Aneurysma aus meinem Leben

gerissen. Ich lag einige Wochen im Koma und landete dann, halbseitig gelähmt, im Rollstuhl.

Zwei Rehakliniken und drei ambulanten Ergotherapien gelang es nicht, mir wieder auf die Beine zu helfen. Ich bin davon überzeugt, dass alleinige körperliche Therapien keine Heilung bringen.

Selbst kann ich mir mit klassischer Homöopathie helfen. So lösen sich einige Probleme, die durch meine Lähmung entstehen.

Im Rollstuhl sitzend beginne ich nun auch wieder, Anderen mit klassischer Homöopathie zu helfen. So habe ich zurückgefunden, wofür ich Heilpraktikerin wurde, zur klassischen Homöopathie. Im Grundlagewerk dem „Organon der Heilkunst" schreibt der Begründer der Homöopathie, Dr. Samuel Hahnemann, dass die Homöopathie eine Gabe Gottes sei.

Warum sitze ich im achten Jahr gelähmt im Rollstuhl? Ich weiß es nicht. Aber ich weiß, wofür ich im Rollstuhl sitze. Ich habe zurückgefunden zur klassischen Homöopathie. Gott hat mir den Zugang zur Akashachronik geschenkt. Ich überlasse in Demut dem Heiligen Geist die Führung in meinem Ich und habe das Egoselbst und meinen Körper überwunden.

Ich bekam in den Jahren als Behinderte mehr geschenkt als ich verloren habe.

Verloren habe ich nur die Bewegung meines Körpers. Mein Ich wurde reich beschenkt. Danke, gütiger Gott, für diese Gnade. Demütig verneige ich mich.

Demut befreit und heilt auch mich.

Weitere Veröffentlichungen von Martina Herbig

Gedankensprünge
ISBN: 978-3-7322-9849-5

Das Butterblümchen
ISBN: 978-3-7357-8480-3

Menschsein Sterben/Trauern/Leben
ISBN: 978-3-7347-9390-5

Spirituell sind die Anderen
ISBN: 978-3-7392-1855-7

Pilgerreise durch die Seelengärten
ISBN: 978-3-7392-3583-7

Wolkenbilder
ISBN: 978-3-8423-5607-8

Das zwölfte Kapitel
ISBN: 978-3-7431-0121-0

Der Himmel ist nah
ISBN 978-3-7568-8803-0

Bewusst gehen
ISBN 978-3-7583-7086-1

Wer mich kennen lernen möchte, darf mich auch auf meinem YouTube Kanal „Martina Herbig" besuchen.